Josefine Müllers

Der Liebe selig Lied

Herzgesänge
und
Der mich unter Lilien weidet

Liebeslyrik

Josefine Müllers

Der Liebe selig Lied - Liebeslyrik

1. Auflage (Oktober 2016)

Cover und Gestaltung: Josefine Müllers

Abbildungen S. 11 und S. 67: Marc Chagall *Rosenstrauß mit Liebenden* und *Liebende unter Lilien*
©VG Bild-Kunst, Bonn 2016

Verlag: tredition GmbH, Hamburg

ISBN Paperback 978-3-7345-5440-7
ISBN Hardcover 978-3-7345-5441-4
ISBN e-book   978-3-7345-5442-1

Die deutsche Nationalbibliothek verzeichnet diese Publikation in der Deutschen Nationalbibliographie. Detaillierte bibliografische Daten sind im Internet abrufbar unter: http://dnb.d-nb.de

Vorwort der Verfasserin

Wenn ich mich dazu entschlossen habe, mit diesem Lyrik-Bändchen auch Liebesgedichte aus meiner Jugend zu veröffentlichen, so geschah dies vor allem, um dem Phänomen einer großen Liebe und ihrer Macht auf die menschliche Seele zu huldigen. Die *Gesänge* sind sehr stark intuitiven Charakters, das heißt sie sind unmittelbar aus dem Herzen geflossen. Um diese Unmittelbarkeit zu wahren, trat die poetische Reflexion in den Hintergrund und Bilder, Sprache und Form wurden keinen großen Veränderungen unterzogen.

Im Mittelpunkt dieser Liebeslyrik steht die tiefe seelische Verflochtenheit der Geliebten, welche die fast schicksalhafte Anziehung über die Zeiten hinweg bewirkt. Aus dieser entstehen dem Herzen tiefe Freude und Glück, aber auch Pein und Schmerz durch Wunden, geschlagen von Kleinmut und irdischer Begrenztheit menschlichen Treibens. Es erfordert eine Menge geistiger Reife und Versöhnungskraft, um auch das Andere des Anderen anzuerkennen und sowohl den eigenen „Schatten" als auch den des Geliebten zu akzeptieren. Eine solche Reife kann man in einer frühen Lebensphase und auf dieser Stufe seelischer Entwicklung noch nicht voraussetzen. Um zu entsprechender Weisheit zu gelangen, ist es notwendig, dass „ein Auge schauet in die Zeit, das andere in die Ewigkeit", wie Angelus Silesius es so schön in seinem *Cherubinischen Wandersmann* ausdrückt.

Dennoch ist bereits die ahnende Erkenntnis vorhanden, dass Entsagung und Trauer Momente einer absoluten Liebe sind und dass der eigentliche Grund des Daseins in der Läuterung des Liebens bzw. des Herzens besteht. Ähnlich wie dies dem jungen Goethe schon während seiner Verlobungszeit mit Lili Schönemann schwant, als er in einem Brief an eine Freundin folgendermaßen formuliert: „Und dass doch mein Innerstes immer ewig allein der heiligen Liebe gewidmet bleibt, die nach und nach das Fremde durch den Geist der Reinheit, der sie selbst ist, ausstößt und so endlich lauter werden wird wie gesponnen Gold."[1]

Der in den Gedichten dargestellte Zustand gleicht in manchem dem „Ich schlief, aber mein Herz wachte" aus dem *Hohen Lied* (5, 2). Überhaupt hat das *Hohe Lied Salomos* als ein gewaltiger Urtext der Liebe schon früh eine starke Wirkung auf mich ausgeübt. In seiner Ursprünglichkeit, Reinheit und Schönheit und mit der Kraft seiner Bilder beeinflusste es nicht nur die Marienverehrung des gesamten Mittelalters und hinterließ deutliche Spuren in der Minnelyrik, sondern es faszinierte auch bekannte Dichter wie Opitz, Herder und Goethe. Letzterer beginnt 1775 selbst eine Bearbeitung des *Liedes* in Prosagedichten, führt sie aber nicht zu Ende. Im *West-Östlichen Divan* greift er jedoch die Grundthematik, nun in Versform, wieder auf.

---

[1] Brief vom 14. – 19. Sept. 1775 an Auguste Gräfin zu Stolberg, HA Briefe Bd. I, S. 191 ff.

So enthält der zweite, vielleicht gewichtigere Teil der hier abgedruckten Liebeslyrik meine in achtzehn Gesängen abgefasste Vers-Übertragung des *Hohen Liedes der Liebe des Königs Salomo,* die in neuester Zeit entstand. Die Versform unterstreicht den Liedcharakter, während das Original inhaltlich vollständig erhalten blieb. Auch der ländliche Kontext, die wunderbaren poetischen Bilder und die kraftvolle Sprache der lutherischen Fassung sollten aufrechterhalten bleiben. Auf diese Weise wird am besten deutlich, dass das *Hohe Lied der Liebe* von seiner Aktualität bis heute nichts eingebüßt hat.

Jede wahre große Liebe - im Sinne einer Dualseelen-Liebe, die letzthin auf das Höhere Selbst, auf die Idee von Liebe, wie Platon sagen würde, ausgerichtet bleibt - führt zu einer Erweckung des Herzens, das jedoch erst als sinnendes Herz zu sich selbst kommt. Im „Lied", im „lobenden Gesang" kann sich eine Läuterung der Liebe vollziehen. In diesem geistigen Vollendungsgang steigt der Dichter in die Tiefen seiner Seele hinab - vergleichbar dem Hades-Gang des Orpheus -, um das Bild der **ewigen** Geliebten daraus zu entbinden und das Wort seiner geistigen Bestimmung als ewiges zuzuführen.

Josefine Müllers

Inhalt

B) Der mich unter Lilien weidet

Das Hohe Lied der Liebe des Königs Salomo

Herzgesänge

Ariadne oder die Träne

Tränenstraße
am Rande meines Seins
Trauerinsel
aufgehängt an einem Haar
umspült von den Wogen des Vergessens
ausgesetzt in Windverlorenheit
Warten
Warten auf das Erscheinen des Gottes

Noch-Nicht

Zeitschrei
des ungeborenen Daseins
rollst entlang am Rande des Noch-Nicht.
Wem folgst du?
Wann?
Wohin?
Verfängst dich doch
im Netz
des unwiederbringlichen Sanduhrrinnens…

Verheißung

Da der Augenblick
sich selbst vergaß
im Blick deines Auges
im erschreckten Widerhall meiner Seele:

Da erstand dein Bild vor mir
bebend vor Verlangen
zitternd vor Vergänglichkeit

Ruhe.
Dein Sein umfängt mich.
Zeichen überall.
Alles spricht…
Der Dinge Blick,
Töne, die locken.
Lauschen den Schritten des Gottes.

Nicht Nähe, nur da sein.
Wissen nur, dass du B I S T.
Bist in allem.
Falterflügelwehen.
Heilige Welt, wie dich berühren noch?
Lippen, kanntet nicht das Zauberwort,
Und doch entwich es euch
In staunendem Flüstern.

Herz, getroffen du vom Pfeilblick der Erweckung,
Augen entsprossen deinem Innern,
Erzittre nicht
Ob der fremd-vertrauten Musik,
Gib dich hin nur,
Lass dich treiben im Lufthauch des Schweigens!

Der Grund

Im Vergessen der leeren Muschel
Singt das Meer deinen klingenden Namen
O Fremdling! Vergib ihr,
Wenn anderes Wort sie nicht weiß
Noch inniger je lauschte heiligem Gesang.

Barg sie Morgentau nicht und Tränen?
Gewandelt in Silbermondperlen?
Barg sie Quellenmund nicht
Und goldglänzenden Tag
Und Sommerwinds liebstes Geheimnis?

Alles hielt sie, die einsam-Verschwiegene.
Doch unendlich süß steigt auf ein Lied,
Dass leise die Schattenwände erbeben
Vom lebensspendenden Echo
Des holdesten aller Namen.

Die neue Zwienatur
oder
Faust und Gretchen

Sie ist in ihm.
Er könnt' sie wohl vergessen,
So leicht, so gar nicht fühlbar
I S T sie da.

Pocht' nicht zuweil,
Beim Anblick einer Rose,
Ihr Herz so stürmisch
Ihm in seiner Brust.

Adveniat

Nun bist du Ruhen bald in mir.
O Sieh!
Bleibende Rundung im Knospeninnen.

O armer Leib, hält er dich denn?
Stolz und angstvoll
Dich bergend im Traumgespinst,
Dass du wächst
Ins grenzenlichte Weiß der Mitte!

Dir

Die Rose blüht schon in den Gärten
Und wird zum Zeichen mir,
Dass mit Freude mein Herz sich fülle
Und die Seele empfangend sich weite!

Lass danken dir, du meine Liebe,
Und vergib dem zweifelnden Herzen,
Dem kummervollen Blick,
Der arg deinen Sinn beschwerte.

Zwar weiß ich wohl,
Nicht dir gebührt der Dank des Blühens,
Doch weil du bist, so dünkt es mich,
Scheint holdseliger die Rose in ihrer Röte.

„Denn wo die Reinen wandeln, vernehmlicher
Ist da der Geist, und offen und heiter blühen
Des Lebens dämmernde Gestalten
Da, wo ein sicheres Licht erscheint."

So spricht der Dichter, der rein selbst
Und demütig macht.

Deine Vogelnesthand umschließt sanft sanft
die Wund. Philomelas Schrei klagt leiser
und verstummt.

Vergessen raunt es, vergessen flüstert es
im säuselnden Wind. Vergessen, oh was?
Dass wir sind?

Und pocht es nicht, pocht allzu heiß
das Herz deiner Hand? Lass mich lauschen
dem Klopfen-Unterpfand!

O sag, warum bliebst du aus
In schweigender Nacht?
Trauernd harret die Seele
Und nicht kann's begreifen mein Herz,
Dass zu sehr es dich lieben könnt',
Zu sehr an dir hängen
Für diese Welt!

Ach, Wissender, sprich, Geliebter!
Wie viele Tränen braucht es,
Wie viele Tode dem brennenden Herzen,
Bis es die Liebe gereift
Zu jedweder Gestalt?

Bin ich so fern,
Bist du mir nah.
Geh ich auch weit,
Bist du schon da.
Seh ich dich an,
Brennt mir das Herz.
Seh ich dich nicht,
Ist lauter Schmerz.

Not des Herzens

Nicht trag ich es,
Dass so mein Herz schweigt still vor dir
Und nicht bekennen soll, was bang sich in ihm regt!
Vergib, dass ich mein Wort nicht hielt
Und stumm und arglos dir nur lebe,
Wie es die Rose tut, ganz selig in sich selbst,
Und auch die Lerche steigend singt den Ruhm.
Ach hätt ich ihren Sinn und ihre Liebe,
So braucht ich Rettung nicht in dieser Welt!

Doch ich bedarf des Blicks, der auf mir ruht,
Und deines Mundes Lächeln Seligkeit
Und deiner Worte süßen Klang, die
Still verzaubernd mich umfangen und
Mir die Welt verklären wie im Licht.
So karge nicht mit ihnen, ängstlich zaudernd
Und fragend, ob es mir gebührt!
Oh einmal sing ein Lied mir noch,
Nur mir allein!

Mein Herz ist Schauplatz einer andern Welt,
Es folgt nur mühsam des Tages Lauf
Und möchte wohl versinken manches Mal
Und lieber ganz vergehen
Als täglich Tödliches zu schauen.
Doch Kraft gibt auch die Liebe, sie allein.
So lass, ach fühlst du so wie ich, uns opfern ihr
Und huldigen in Stille
Dass neues Leben uns erblüh und allen Liebenden!

Herbstbrautnacht

Luna, Schwester, leichtbeschwingte,
Nimm mich mit auf Schneemondflügeln!
Schäm dich nur nicht
Des scheu-zagen Geschwisters!
Sieh, den Staub schüttelte ich
Aus den Haaren,
Trag auch die Tanzschuh
Der Mitternacht schon
Und der Pappelbaum entbot säuselnd
Den Gruß mir.

Hier mein wehendes Haar,
Das scharlachfarbene Rosenduftkleid,
Wie leicht es sich öffnet
Dem liebkosenden Winde,
In heiliger Erwartung,
In bangem Erzittern
Und strahlender gar
Als dein Jungfraungewand!

Komm doch, oh weile nicht,
Gehn wir zum Bräutigam,
Dem grauäugig Fremden!
Auf deinem Strahl
Blitzschnell und leis gleit ich
In seinen Traum von Wolke und Meer.
Blitzschnell und leise.

Der rätselhafte Tanz

Es tanzten zwei miteinander
Und wussten es selber kaum,
Wie herrlich sie sich da drehten
Im plötzlich erleuchteten Raum.

Sie tanzten selbstverloren
Erstaunend im Wechselblick,
Und waren doch gerad erst geboren.
Da fordert schon Welt sie zurück.

Denn ergriffen stand die Menge,
Und manchen verlangte es nun,
Dies eigens zu erproben
Und ihnen es gleichzutun.

Die Männer kamen gelaufen
Und baten das Mädchen zum Tanz,
Ihn umringten die Mädchen,
Dass jeder er sich gäbe ganz.

Die beiden ließen es geschehen
Und drehten sich willig im Kreis,
Doch wenn sie einen entließen,
Stand verloren er und bleich.

In der Flamme tanzt nur Salamander,
Auf dem Meeresgrund spielt nur Delphin.
Oh Feuer und Wasser einander
Im wechselnden Rhythmus dahin.

Nachspiel zu Hebbel

Mir träumte von deinen Küssen
Und bin daran erwacht,
Ach, wollte so fort nur träumen,
Wie mir dein Auge lacht.

Der Himmel war aufgegangen
Und überall Rose und Mohn!
Und wie wir uns endlich erkannten,
Da kannten wir lange uns schon.

Mir träumte von deinen Küssen,
O was ich da empfand:
Wir leben, wie sich eines
Im anderen wiederfand.

Versteckter Schalk

Was erblickst du da im Spiegel,
Wie's aus deinen Augen schaut?
Ist's geheimnisvolles Siegel,
Großes, einst dir anvertraut?

Liebchen ist's, das sich versteckte,
Ach verzeih, wenn es dich neckte,
Wollt' so gerne bei dir bleiben,
Wirst es nicht von dort vertreiben?

Der Wahrheit Traum

Oh süßer Freund, geliebtes Herz,
Wo bist du denn, sag wo?
Wenn deine Seele heiß die meine küsst,
Entzückt sich mit ihr dreht nach Zauberflötenklang?

Wenn es voll Verlangen mich durchglüht,
Ich bang erschrecke und erbeb,
Dass Wahrheit wär mein Traum
Und ich's nicht glauben kann, nicht wag,
Wollt' doch mein Herz im Stolz sich überheben?

Ach warum schlug es so geschwind bei Nacht,
Als leis der Wind ihm ein Geheimnis flüstert
Von Zärtlichkeit und Rettung in der Welt,
Und ich vertrauensvoll das Haupt wollt' legen
An deine Brust – dort denk ich's mir so wohl –
Wo sanft es ruhen wollte wie in Gottes Schoß?

Oh einzig Leben, sprich,
Ist's wahr denn, was der Wind versprach?
Kaum fassen es die Sinne, mein entrückter Sinn.
Du bist ja, du, so jauchzt es selig, du!
Den tief erahnt die weise Kinderseele,
Nennt es Kindertraum die Welt auch,
Die's nicht besser weiß.

Damals...

Im tiefen Erinnern
Unser erstes Begegnen
Woher
Der Seele die Kunde?
Woher
Dem Leben das Erschauern?

Ein Tönen
Wir beide
Im Lied ferner Seelenzeiten

Der Schlüssel

Es war andern tags erst...
Ich traf einen kleinen Jungen
Mit einer goldenen Lilie
Schloss er das Herz mir auf.

Morgen

Mit den Strahlen der Sonne
Dringst du in mein Herz,
Öffnest leise Kammer um Kammer
Mit goldenem Licht,
O Süße meiner Seele.
Lass mich deinen Atem trinken,
Der mein Gesicht benetzt
Im Morgentau des ersten Tages.

Liebesglühen

Feuriger Blütenleib,
Knospendes Aufwärts-treib,
Liebliches Rot der Verheißung.

Kerzeneins im Doppelrund,
Zwei Flammen im Lebensgrund,
Ruhende Sinnlichkeit.

Scheinen im Lichterbaum,
Funkelnder Sternenraum,
Freude spendendes Sein.

Tiefst-tiefer Engelskuss,
Göttlicher Herzbeschluss,
Jauchzend Frohlocken der Seele.

Das Ur-teil

überliefert
aufgrund von Indizienbeweisen
dem unendlichen
Vertrauen

verurteilt
zu lebenslänglicher
Herzhaft

begnadigt
zu
Ewiger Liebe

Glücksversprechen

Was ist denn diese Freude mir am Morgen,
geliebtes Herz, mein süßes Licht?
Du bist so heiter und so ganz Erwartung,
dein Glück zu sagen mir von dieser Nacht.
So spricht, Geliebter, eh du noch erwacht
und selber hell erstaunend weißt,
dein freudiges Herz mir ein Geheimnis.
Es singt sich zärtlich an die Brust
mit unserer Liebe selig Lied:

Sie ist – so spricht es – ein Gedicht
in Gottes ewigem Buch der Liebe.
Da sind wir – im geheimen Band der Lieder –
Verknüpft als Mann und Frau:
Es reimt sich Sein auf mein
in Gottes Poesie wie rein auf dein.
Und in dem Reim verschmolzen
sind Eines wir im Himmelskuss,
bis dass ein neuer Stern erstrahlt
am klaren Liebesfirmament.

Die Stunde der Liebenden

Die Stunde der Liebenden ist es,
Wenn du im Abendwind
Zärtlich Arm und Gesicht mir kost.

Bist du's wohl?
Wenn Silbermonds Strahl auf wehendem Haar,
Deine Hand auf lockerem Blütenkelch
Vogelleicht ruhend,
Heftig Verlangen erweckt
Von pfeffrigem Nelkenduft, der
Sich verströmend,
Die Sinne uns raubt.

Bis du erbebst im Winde,
Weißer Petunienfalter,
Wenn scheu im Purpur die Rose dich küsst
Und den Mund dir verschließt
Mit Liebesschwüren der Mitternacht.

O lass uns lieberuhen
an die Tausend Jahr.
Bleib so verschlungen du
in meinem Haar.

Deck mich mit Küssen
weiß wie Meeresschaum.
Wir sehn verzückt
bis an der Erde Saum.

Die Freude lacht
aus deinem Herzen mir,
Und im Gesang
entsteht ein neues Wir.

O lass uns lieberuhen
friedevolles Sein.
Dort bist und wirst du
stets aufs Neue mein.

Mysterium

Ins glühende Leben tauch ich hinab:
Tief auf dem dunklen Grunde
Der Liebe
Finde ich der Dinge Wesen.

Goldbraun Entzücken,
Farbe deiner Augen,
Ist der geheime Name des Glücks,
Selig vereint
Herbstlust und Frühlingslachen.

Tränen der Liebe,
Morgentauperlen auf feuchten Wangen,
Glänzen in funkelnden Farben
Lebendige Ewigkeiten.

Deine Lippen, brennend Geheimnis,
Borgen das samtene Purpurkleid der Rose,
Um Blatt um Blatt
Meinen Mund
Zu umschließen.

Zur Stunde des Lichts

Wenn deine Seele mich liebt,
Oh Festtag meinem Herzen!
Es feiert still das blaue Veilchen,
Es feiert tief die rote Rose.

Mit Davids Stimme hebt mein Herz zu singen an,
Der freudereichen, ganz versunken, reiner Hall:
Es singt des Mondes Sichel bis sie voll sich rundet,
Es singt den Sonnenstein in rotes Leuchten.

Es singt dein Lieben, singt und singt…
In süßem Anverwandeln.
Wenn deine Seele mich liebt
Zur Stunde des Lichts.

Glücksklee für den Liebsten

I. Lebensglück

In eines Bächleins Silberquell
Hört' ich deine Stimme hell,
Konnt' in des tiefen Waldes Rauschen
Dem Schlagen deines Herzens lauschen.
Auf dem Berge sonnenklar
Glüht' deiner Wonne Augenpaar.
Freudig eilt' ich durch die Auen,
Meinen Liebsten ganz zu schauen,
Zu fliegen schnell an seine Brust:
Dort ist der Liebe tiefste Lust.

II. Liebesglück

Lange sucht' ich vergeblich der Heimat Gerüche,
Irrte durch einsame Gassen und Fremde der Zeit.
Bis ich kehrte in deine Liebe.

Nun verstand ich der Erde Sehnen,
Fühlte des Himmels brennend Entzücken,
Erriet der liebenden Vögel Geheimnis
Im Hochzeitsgebet auf schwankem Rohr.

Ihr Lied ist der Liebenden Sprache,
Dein Herz mein Nest, du Allesgeliebter.
Zarten Gesetzen sich beugend,
Füllt es mein Leben mit Freude,
Das Holde, und schenkt mir das Sein.

III. Lichtglück

Seelenwurzeln.
Seinsverflochtenheit.
Wo ist des Ewigen Heimat?
Ein Stern, der aufblinkt,
Liebesspuren, denen meine Füße folgen
Ins Ungewusst-Glückhafte,
Wie ein Tier,
Das Sein erspürt.

IV. Seinsglück

In der Liebe Fluten tief,
Wo Vergessen
Erinnerung ist,
Wo die liebende Seele
Den Weg nur weiß,
Erblüht unser Glück
Im jungen Licht
Einer Kirschblüte.

Stern der Liebe

Des einen Herz möcht' das andere leiten
Hinwärts zu seinem Stern,
So wandern wir fort durch die Zeiten
Vielleicht dem Ziele noch fern.
Das Auge blickt auf die Erde
Und küsst sinnend ihre Stirn,
Der Fuß geht fast ohne Schwere
Entgegen dem Zwillingsgestirn.
Ach nimmer kann ich's entbehren,
Süß Licht, das im Herzen mir lebt,
Dies heilig Schöne zu ehren,
Das göttlich-entzückt die Welt durchbebt.

Jahr des Glücks

Frühling:

Leicht wie die Feder
Ist
Unser Glück,
Getragen vom Atem
Des Gottes.

Sommer:

Wie das Rieseln des Sandes
Ist
Unser Glück,
Wenn dein warmer Leib
Durch mich hindurchrinnt.

Herbst:

Reif und süß
Ist
Unser Glück,
Wie dunkles Geheimnis
Von würzigem Wein.

Winter:

Stark und fest
Ist
Unser Glück,
Wie der Heimat sicherer Boden
Unter gleichem Schritt

Vermählung

Du bist meiner Seele anvermählt
O Frühling, junger, meines Herzens.
Der Himmel hat uns beide erwählt,
Zu lindern seine Liebesschmerzen.
Wenn seine Strahlen die Erde erwärmen,
Ersinnt lächelnd mein Mund dein Gedicht,
Zarte Worte wie Bienen schwärmen
Im Fließen des süßen Lichts.

A moitié flocon de neige,
à moitié terre qui le recoit,
Je sens ton amour embrasé,
mon corps fondant dans tes bras.
Le souffle de ta bouche fait fleurir la terre,
elle se réjouit, étincelle rajeunie de l'univers.

(1. Version)

Schneeflocke halb,
Halb Erde, die empfängt,
Fühl ich, vergehender Leib, die Glut deiner Liebe,
die brennend sich herniedersenkt.
Der Atem deines Mundes lässt die Erde erblühen,
ganz freudiger Glanz, ersteht sie im Erglühen.

(2. Version)

Verweilen

Entlassen aus süßer Umarmung
Geht schwanger mein Herz
Mit deiner Liebe.

Zurück aber hält es
Die allwissende Mutter
Liebend besorgt.
Denn schnell strebt das Licht
Seinem Tag entgegen
Im vollen Erblühen.

Herbstnachmittag

Gedächtnis tiefgelben Weizens.
Wer vermag zu erschauen
Der Erde Geheimnis,
Der Schönheit glühendes Rot
Und die Tiefen der Freude?

Heim gingen wir in Herbstverstehen,
Wo das Glück
Den Liebenden Kränze windet aus Myrte und Wein.
Die Taube versteht noch das Zeichen,
Den rankenden Eppich in meinem Haar,
Des Skarabäus funkelnde Schrift
In deinen Augen,
Der Ähren goldenes Wogen,
Der Liebe Spuren im Licht.

Dein Herz,
Reife Frucht,
Fällt liebend in meinen Schoß.

Weiße Möwe,
Gleite ich um dein Schiff,
Salzige Brise,
Geronnenes Sonnengold
Im luftigen Gefieder,
Küsse ich das Brot der Liebe
Von deinen Lippen
Auf offener See.
In Winterstürmen
Hüllt dein bergendes Segel mich ein.
Und kehrst du zu heimatlichem Hafen,
Verlässt mich die blauende Weite,
Bis wir den Anker lichten
Zu neuer Unendlichkeit!

Im Geiste Hölderlins und Diotimas

Wenn das Unverzeihliche dennoch geschieht
Und ortlos Liebe, arm und unbeschuht,
Erneut den Bettelstab will ergreifen
Und du allein die Erde noch fühlst,
Trauert sie heimlich doch mit dir,
Dann gedenke des Augenblicks,
Da hören wir lernten voneinander,
Und öffne dein Herz der Irrenden weit,
Dass heimatlos nimmer sie bleibe
Und in dir selig sich verschönt
Und uns!

Weibliche Klage

Klage möchte ich führen
Gegen die Blindheit eurer Worte,
Die den Grund verkennen
Und dennoch bauen den Turm.

Klage möchte ich führen
Gegen die Dürre eurer Sinne,
Die das Auge durchgeizen
Und ersticken den Blick.

Klage möchte ich führen
Gegen die Ironie eures Herzens,
Das argwöhnisch sucht,
Da wo Dasein sich schenkt.

Ach liebte ich nicht,
So wäre Klage mir,
Wo Rühmen erfüllt
Den Gesang der steigenden Lerche.

Reden der Liebe

Man sagt, ähnlich mach sich Lieb dem Liebsten
Ganz ohn' Bedacht, nur einfach weil sie muss.
So liegt's an dir, ob schön ich bin, ob hässlich?
Bereitet länger mir nicht mehr Verdruss!

Auch heißt's, der Liebe schönstes Kind sei Freiheit,
Was sollte also kümmern mich Betrug?
Bin ich nicht heitern Sinns und zuversichtlich?
Und peinigt's mich, so lieb ich nicht genug.

Doch will es scheinen, Lieb mach auch bedürftig,
Wenn tief das alte Weh ins Herz ihr fährt.
Wenn's dunkel aufsteigt aus der Seele Grund,
So macht nur Eines sie allein gesund.

Meine Ruh ist hin

Wie angstvoll mein Traum,
Der dein Bild nicht fand.
Wie öde der Raum,
Den ich – heilig mir – stille schon „unser" genannt!
Fühllos und schroff die Burg,
Die wir nicht miteinander erklommen,
Unbewegt der Kastanien Wipfel
Von Liebesworten, die dein Herz nicht ersonnen!
Der Wein, ach wie herb,
Den aus deinem Glas ich nicht trank!
Der Himmel, wie leer,
Als die Sonne freudlos herniedersank!
Und selbst er,
Der oft meine trauernde Seele führte,
Die zersprungenen Saiten mit liebender Hand anrührte,
Selbst er schien verstummt
Auf verschlungenen Wegen,
Die sinnenden Schrittes in Spuren ich ging,
Kreuzweis, dass sich's bände zu guter Letzt,
Voll tiefen Verlangens sich fände
An den Himmel gesetzt!

Nur die Rosen blühten am Wegrand
Liebevoll leuchtend
Verheißung wie eh und je.

Allein

Alles gab ich auf
und brach die Brücken ab
hinter mir
geschickt auf den Weg
- allein -

als einziges Gepäck
versteckt in meinem Ranzen
die Liebe zum Glück
und dein heimliches Lächeln

stehe vor dem Tor deines Lebens nun
ohne Habe, ohne Bleibe
aber es heißt
du kannst mich nicht empfangen

Nichts

Es ist nichts geschehen
als dass ich dich liebe.

Es ist nichts geschehen
das nicht in der Seele mir bliebe

Von den Worten, die du sprachst
von den Blicken, die dich sprachen.

Es ist nichts geschehen
als dass ich ständig dich misse.

Weiter nichts geschehen
ein Berühren der Hand, im Licht ein paar Küsse.

Eine Liebe, die weder leben noch sterben kann,
weil mein Herz deine Seele, doch nicht dein Leben ge-
wann.

Es darf weiter nichts geschehen sein
Wäre es auch tief, süß und würzig wie blutroter Wein.

Es muss ja nichts geschehen
doch will mein Leben seinen Gang nicht mehr gehen.

Soll denn gar nichts sonst geschehen
wo das Unglaubliche geschah:
Unser Lieben dich und mich zu neuem Leben gebar?

Und immer noch wart' ich, und die Tage vergehen…
beinah so, als wäre nichts geschehen.

Wo?

Es hungert mich nach den Früchten deiner Liebe,
Es dürstet mich nach dem Atem deines Mundes,
Es friert mich in dunkler Nacht,
Wo meine Augen begehren die Süße deines Blicks.

Wohin dir folgen, den meine Seele liebet, wohin?
Wenn mich hungert nach der Süße deines Blicks,
Wenn mich friert, wo meine Augen begehren in dunkler
Nacht,
Wenn mich dürstet nach den Früchten deiner Liebe?

Wo finde ich Speise?
Wo finde ich Trank?
Wo ein Haus für die kranke Seele?

Meine Füße folgen nicht mehr den Spuren des Lebens,
Noch begehren meine Augen der Jugend Verlockung,
Es friert mich in meiner Blöße vor den Blicken der Nacht,
Nicht dürstet mich nach süßem Wein und Honig,
Nicht hungert mich nach den Früchten des Baumes.

Wo bist du?
Hunger, Durst, Speise, Trank und Haus meiner Seele?

Verlorenheit?

Wenn auf steinigem Pfad,
der meine Füße wund schlägt,
deine Hand ich vermisse, die hält,
so reich sie mir nicht,
Doch schenk mir dein Herz!

Wenn auf stürmischer See
mein Schiff deinen Blick verlor,
es mich hin- und herschlägt in salziger Flut,
so heb ihn nicht auf, den frierenden Leib,
Doch schenk mir dein Herz!

Wenn meine trauernde Seele
weint um vergebliches Glück,
mit ihren Tränen den Stein reinwäscht,
So lass ihr dein Herz:

Das einsamste Hoffen, das tiefste Erinnern
schlägt Wurzeln in deinem Herzen.

Auf Herzeleids getrennten Bergen

Mein Herz, das deine Seele hält,
Welcher Gott fängt es auf,
Wenn es fällt?
Wenn es, verzweifelt, herniedersinkt?
Begierig den letzten Tropfen
Verborgensten Wunsches trinkt?
Bis er Blumen treibt
In die nördliche Zeit
Aus deiner Liebe Welt
Die meine Seele hält.

Liebe, Sprache des Seins

Es gibt Worte, die vergehen,
Falscher Liebe leere Hüllen sinken sie hernieder,
Ohne Kraft und ohne Sinn.
Hinweg nimmt sie der Wind.
Hinweg nimmt sie der Strom,
Ihr Bestehen heißt Vergessen,
Vergessen des Seins.

Es gibt zärtliche Worte,
Lieder des Alls.
Die wie Blumen die Erde
Den Gott erfreuen.
Klarer Quell reinen Wassers
Erneuern sie das Herz.
Ihr Sein: Das Gedächtnis der Liebe

Das Lied

Der Mutter Natur
Die zärtlich verschwenderisch einst
Im Reichtum lieblicher Formen
Wie Kinder uns hielt,
Bedürftig unendlicher Liebe,
Sei alles zur Freude gereimt,
Zu heilig süßer Freude gereimt
Mein Lied!

So dir Geliebtes
Dem schönsten mir unter Menschen
Verständigen Worts.
Der freundlichen Herkunft gewiss
Entwuchs es, vertrauend, dem lächelnden Busen,
Wiedergeboren im Herzen des Alls,
Eines im Geiste der Liebe,
Geläutert im steinernen Munde des Brunnens,
Den Liebenden Labsal und Zeichen:
Im Herzen wohnend, selig sinnend, lächeln sie nun
Ihre Weisheit sich zu.

Erntedank

Nimm diese Worte zum Dank, oh Liebe!
Spreu und Weizen gemischt,
Kargem Boden entsprossen,
Genährt doch
Aus der Seelen Tiefe
Mit unendlicher Freude zum Licht.

Gedächtnis

Worte sind wir
Verstreut vom Weltenschicksal
Wie Saat im Wind
Aus des Sämanns Hand.

Wer schaut den Sinn
Im Sprießen des Korns?

Der mich unter Lilien weidet

Das Hohe Lied der Liebe des Königs Salomo

(lyrische Bearbeitung in 18 Gesängen)

Mit dem Kusse deines Mundes

Mit dem Kusse deines Mundes
Küsse mich, oh Liebster mein,
Und ich trinke deinen Atem
Lieblicher als süßer Wein.

Es riechen köstlich deine Salben,
Dein Name duftet wonniglich.
Eine ausgeschüttete Salbe ist er,
Des die Mädchen lieben dich.

Zieh mich dir nach, Geliebter!
So wollen wir laufen gleich!
In seine Kammern führt mich der König,
In seine Kammern so reich.

Freuen wollen wir uns gar sehr,
Wollen über dich fröhlich sein.
Preisen wollen wir deine Liebe,
Preisen mehr als den köstlichsten Wein.

Ich bin braun, aber gar lieblich

Ich bin braun, aber gar lieblich,
Ihr Töchter Jerusalems, ich bin braun
Wie die Zelte Kedars und Salomos Teppich.
Schwestern, ihr sollt nicht auf mich schaun!

Die Sonne hat mich so verbrannt.
Meiner Mutter Söhne zürnten mir sehr:
Zu hüten die Weinberge war ich bestellt
Und hütete meinen nimmermehr.

Sag an, du, den meine Seele liebt,
Wo weidest, wo ruhst du am Mittag?
Zu meiden die Herden deiner Gesellen,
Nenn den geheimen Weg mir, oh sag!

Wie ein sprudelnder Quell bist du

Weißt du es nicht, du meine Schöne,
Du Lieblichste unter der Sonne?
Folg der Spur der Schafe, weide die Zicklein
Bei den Zelten der Hirten, du meine Wonne!

Wie ein sprudelnder Quell bist du, meine Freude,
Leben wie die Stute an Pharaos Wagen.
Deine Wangen und deinen Hals zieren Perlenschnüre,
Auch goldene Ketten sollst du anmutig tragen.

Wendest du dich, Liebster, her zu mir,
Verströmt meine Narde sich mit Lust,
Du bist wie ein Büschel von Myrrhe,
Eine Traube von Zypernblumen an meiner Brust.

Siehe, meine Freundin, du bist schön,
Schön bist du mit deinen Taubenaugen.
Siehe, mein Freund, unser Haus ist das Grüne
Und Zedern sollen ihm als Balken taugen!

Die Liebe sei dein Zeichen über mir!

Du bist, Liebliche, eine Blume in Saron.
Für dich wollen sich die Jünglinge spornen.
Unter den Mädchen bist du, meine Sanfte,
Wie eine weiße Lilie unter spitzen Dornen.

Wie ein Apfelbaum unter den wilden Bäumen
Bist du unter den Jünglingen, den ich liebe so sehr.
In deinem kühlen Schatten zu sitzen
Und deine süßen Früchte zu kosten ist mein Begehr.

Führst du mich in deinen Weinkeller ein,
Sei die Liebe dein Zeichen über mir!
Labe mich mit Traubenkuchen und mit Äpfeln,
Denn ich bin krank vor Liebe nach dir.

Wenn deine Linke unter meinem Haupte liegt
Und deine Rechte mich zärtlich hält,
Möge niemand unsere Liebe aufwecken
Oder stören, bis es ihr selbst gefällt.

Der Lenz hielt Einkehr

Da ist die Stimme meines Freundes.
Er hüpft über die Berge, einer Gazelle gleich,
Wie ein junger Hirsch springt er über Hügel,
Bis er seine Herzallerliebste erreicht.

Er steht hinter unserer Wand und lugt durchs Fenster
Und schaut, ob die Liebste noch nicht aufgestanden:
Der Regen ist vorbei, der Winter ist vergangen,
Und die Blumen sind aufgegangen in allen Landen.

Geschwind, liebste Freundin, erhebe dich!
Die Turteltaube gurrt, der Lenz hielt Einkehr.
Der Feigenbaum hat Knoten und die Rebenblüten duften,
Komm schnell, meine Schöne, komm zu mir her!

Komm her, meine Taube in den Felsenklüften,
Zeige mir deine liebliche Gestalt!
Lass mich hören, Liebste, deine Stimme,
Dass sie hell und süß mir erschallt!

Die jungen Füchse sollen sie uns fangen.
Lass dich von ihnen nicht betören!
Denn die Weinreben tragen Blüten
Und die kleinen Füchse könnten sie zerstören.

Liebster, du bist mein, und ich bin dein,
Der unter den weißen Lilien weidet.

Spring zu mir wie ein junger Hirsch auf den Balsamber-
gen
Bis der Tag kühl wird und die Sonne scheidet!

Weckt die Liebe nicht auf!

Des Nachts auf meinem Lager suchte ich
Den meine Seele liebt, doch fand ich ihn nicht.
Ich suchte in den Straßen, auch dort war er nicht,
Ich suchte in den schmalsten Gassen ohne Licht.

Ich fragte die Wächter: „Saht ihr, den meine Seele liebt?
Ohne ihn halte ich es nicht länger aus!"
Nach erneuter Suche fand ich ihn und hielt ihn
Und brachte ihn in meiner Mutter Haus.

Ich führte ihn in die Kammer derer, die mich geboren,
Die mich unter Mühen brachte auf die Welt.
Ich beschwöre euch, Töchter Jerusalems, bei den Hinden
auf dem Feld,
Weckt die Liebe nicht auf, stört sie nicht, bis es ihr selbst
gefällt!

Kommt König Salomo zu sehen!

Was steigt da herauf aus der Wüste wie ein gerader
Rauch?
Wie ein Duft von Myrrhe, Gewürzen und Weihrauch?
Es ist die Sänfte Salomos, unseres Königs, an seiner Seite
Sechzig Starke Jerusalems, geübt im Kampfe auch.

Ein jeder trägt ein Schwert gegen die Schrecken der
Nacht.
Kommt heraus, Töchter Jerusalems, seid dem König ge-
wogen!
Seine Sänfte ist aus Libanons Holz, die Säulen pures Sil-
ber,
Die Lehne ist aus Gold, der Sitz mit Purpur bezogen.

Töchter Zions kommt Salomo mit der Krone zu sehen,
Mit der ihn die Mutter gekrönt am Tage seiner Hochzeit!
Kommt ihn zu sehen am Tag seiner Herzensfreude,
Kommt, Schwestern, groß ist seine Freude, sein Herz ist
weit!

Du bist schön, schön bist du

Siehe, meine Freundin, du bist schön, schön bist du!
Deine Augen sind wie Taubenaugen hinter deinem Schleier,
Deine Haare eine Herde Ziegen, die vom Gilead steigen,
Stürmisch wallen sie herab und immer freier.

Deine Zähne sind wie geschorene Schafe nach der
Schwemme,
Alle haben Zwillinge, sind fruchtbar und reich,
Und deine Lippen – eine scharlachfarbene Schnur –
Formen einen Mund gar lieblich und weich.

Deine Schläfen glänzen hinter dem luftigen Schleier
Wie Scheiben des Granatapfels, rosig und zart.
Dein Hals ist wie der Turm Davids, mit Brustwehr gebaut,
An der Schilde hangen nach der Starken Art.

Deine Brüste sind wie junge Zwillinge von Gazellen,
Die droben unter weißen Lilien weiden.
Will zum Myrrhenberge gehen und zum Weihrauchhügel
Bis kühler der Tag und die letzten Sonnenstrahlen scheiden.

Komm mit mir, meine Braut, komm vom Libanon herab,
Von den Höhen des Amana, des Hermon und des Senir,
Wo wilde Löwen und Leoparden wohnen,
Du Schöne ohne Makel, steig herab mit mir!

Du hältst mein Herz gefangen

Das Herz hast du mir genommen, meine Schwester, meine
Braut,
Mit **einem** Blick deiner Augen, an dem es gehangen.
Mit einer einzigen Kette an deinem Hals
Hältst du es nun für immer gefangen.

Wie schön ist deine Liebe, meine Schwester, liebe Braut,
Deine Liebe ist lieblicher als süßer Wein,
Der Geruch deiner Salben übertrifft alle Gewürze,
Und von deinen Lippen träufelt Honigseim.

Unter deine Zunge fließen Milch und Honig,
Und deine Kleider duften wie der Libanon.
Ein verschlossener Garten bist du, liebe Braut,
Eine verborgene Quelle, ein versiegelter Born.

Wie ein Lustgarten, Liebste, bist du gewachsen,
Birgst granatene Äpfel, Narde und Blumen,
Und feinste Gewürze wie Safran, Zimt und Kalmus
Gedeihen auf fruchtbaren Böden und Krumen.

Ein Gartenbrunnen bist du, ein Quell lebendigen Wassers,
Das wild strömend herab vom Libanon fließt.
Nordwind und Südwind, weht durch meinen Garten,
Dass meine Nase die würzigen Düfte genießt!

Ich kam in meinen Garten, meine Schwester, liebste
Braut,
Ich habe meine Myrrhe samt den Gewürzen gepflückt,

Habe meine Wabe samt meinem Honig gegessen
Und bin von meiner Milch und meinem Wein ganz be-
rückt.

Kommt auch ihr, meine Freunde, ich lade euch ein:
Esst von diesen gar köstlichen Speisen!
Trinkt süßen Wein, soviel ihr begehrt,
Werdet trunken von Liebe, doch säumt nicht, sie zu prei-
sen!

Ich schlief, aber mein Herz wachte

Ich schlief, aber mein Herz wachte,
Da vernahm ich meines Freundes Stimme sacht:
"Tu mir auf, liebe Freundin, meine Taube, meine Reine,
Mein Haupt ist voll Tau, meine Locken nässte die Nacht."

„Hab mein Kleid schon ausgezogen und zög es wieder an?
Hab die Füße schon gewaschen und beschmutzte sie wie-
der?"
Da steckte mein Freund die Hand durchs Riegelloch,
Mein Herz wallt' ihm entgegen, schlug alle Bedenken
nieder.

Ich eilte zur Tür, um ihm aufzutun,
Und es troffen von fließender Myrrhe Riegel und Hand.
Doch wie erstaunte ich, dass er fortgegangen war!
Außer sich war meine Seele, dass er sich abgewandt!

Ich lief in die dunkle Nacht hinaus,
Um ihn in allen Gassen zu suchen.
Da fanden mich die Wächter. Sie schlugen mich wund,
Nahmen mir meinen Überwurf unter Spott und Fluchen.

Ich beschwöre euch, ihr Töchter Jerusalems,
Scheut keine Mühe, ihn für mich zu finden!
Sagt ihm, mein Herz ist vor Liebe krank.
Ich beschwöre euch, bei den Gazellen und den Hinden!

Dass er weide in den Gärten!

„Was, Schönste der Frauen, hat dein Freund anderen vo-
raus?"
„Mein Freund ist weiß und rot, unter vielen auserkoren.
Sein goldenes Haupt wird von schwarzen Locken kraus
umrahmt.
Seine Augen sind gleich Tauben, die an reinen Wassern
geboren.

Seine Lippen sind wie Lilien, die von fließender Myrrhe
triefen,
Seine Finger goldene Stäbe voller glänzendem Türkis,
Sein Leib scheint reines Elfenbein, geschmückt mit Saphi-
ren,
Sein Mund ist so lieblich und alles an ihm süß.

Seine Gestalt ist stark und fest wie des Libanons Zeder,
Seine Beine wie Marmorsäulen mit Füßen aus Gold.
So ist mein Freund, ihr Töchter Jerusalems,
Alles an ihm ist wunderschön, alles ist so hold."

„Wo ist denn dein Freund hingegangen, wohin hat er sich
gewandt?
Sag es uns, oh du Schönste unter allen Frauen.
Wir wollen mit dir gehen, ihn mit dir zu suchen,
Alle Gassen durchstreifen, auf allen Plätzen nach ihm
schauen."

„Mein Freund ging in seinen Garten hinunter,
Er wandte sich hin zu seinem Balsambeet,

Dass er weide in den Gärten und Lilien pflücke.
Mein ist er und ich bin sein, liebe Schwestern, versteht!"

Die hervorbricht wie die Morgenröte

Du bist schön wie Tirza, meine Freundin, lieblich wie Jerusalem,
Gewaltig wie ein Heer, bereit zu nehmen im Sturm.
Wende deine Augen von mir, Schönste aller Frauen,
Sie verwirren mich, und es stürzt der Turm!

Deine Haare sind eine Herde Ziegen, die vom Gilead steigen,
Deine Zähne, weiße Schafe, haben alle Zwillinge, fruchtbar und reich.
Deine Schläfen glänzen hinter deinem luftigen Schleier
Wie Scheiben vom Granatapfel, rosig zart und weich.

60 Königinnen gibt es, 80 Nebenfrauen und Jungfrauen ohne Zahl,
Aber **eine** ist meine Taube, **eine** ist meine Reine,
Die einzige ihrer Mutter, das Liebste, das sie gebar.
Alle Töchter preisen sie glücklich, alle Frauen diese **eine**.

Wer ist sie, die da hervorbricht wie die Morgenröte,
Schön wie der Mond, klar wie die Sonne, gewaltig wie ein Heer?
Ich ging in den Nussgarten hinab, zu schauen die Knospen im Tal.
Doch zu des Fürsten Tochter trieb es mich, ich sah **sie** und nichts anderes mehr.

Dein Leib ist ein Weizenhaufen, umsteckt von Lilien

Wende dich hin, wende dich her, oh Sulamith,
Dass wir dich schauen beim Reigen,
Wie schön ist dein Gang in den Schuhen, Fürstentochter,
Und die Rundung deiner Hüfte magst du zeigen!

Sie ist wie ein kostbares Halsgeschmeide
Von des Meisters eigener Hand gemacht,
Und dein Schoß ist wie ein runder Becher,
Dem Getränk niemals mangelt und der Durst entfacht.

Dein Leib ist ein Weizenhaufen, umsteckt von Lilien,
Deine beiden Brüste wie Zwillinge junger Gazellen,
Dein Hals ist wie ein Turm edlen Elfenbeins,
Deine Augen, tief wie Teiche, sind lautere Quellen.

Deine Nase ist wie der Turm auf dem Libanon,
Der gerade nach Damaskus sieht,
Dein Haupt wie der Karmel, dein Haar lauter Purpurlocken,
In denen ein König gefangen liegt.

Wie schön, wie lieblich bist du, du Liebe voller Wonne!
Dein Wuchs gleicht dem eines Palmbaumes, hoch und hehr.
Dein Atem duftet nach saftigen Äpfeln,
Und deine Brüste sind wie Trauben, süß und schwer.

Ich möchte auf den Palmbaum steigen, seine Zweige er-
greifen,
Und mich an meinen Trauben am Weinstock ergötzen.
Lass deinen Mund wie guten Wein meinem Gaumen
schmeicheln,
Und lass ihn mir Lippen und Zähne netzen!

Brechen wir zu den Weinbergen auf!

Meinem Freund gehöre ich ganz allein,
Und nach mir steht einzig sein Verlangen.
Um unter Zypernblumen die Nacht zu verbringen,
wär ich immer mit ihm aufs Feld hinausgegangen.

Komm, mein Freund, brechen wir zu den Weinbergen auf,
Zu schauen, ob der Weinstock schon sprosst in diesen Ta-
gen
Und die Granatbäume ihren Blütenschmuck tragen!
Dort will ich dir von meiner tiefen Liebe sagen.

Da will ich dir, Geliebter, meine Liebe schenken.
Edle Früchte, heurige und solche aus vorigen Jahren,
Liebesäpfel, köstliche Düfte verströmend,
Alle süßen Früchte konnte ich dir bewahren.

Dass du doch mein Bruder wärest!

Oh Liebster, dass du doch mein Bruder wärest,
Der meiner stolzen Mutter Brüste gesogen!
Fänd ich dich draußen, ich wollte dich küssen.
Und niemand scheltet mich, fühl ich mich zu dir hingezogen.

In das Haus meiner Mutter wollte ich dich führen,
Dich mit würzigem Wein zu tränken
In der Kammer derer, die mich gebar,
Und dort dir den Most meiner Granatäpfel zu schenken.

Seine Linke liegt unter meinem Haupt, seine Rechte herzt mich,
Ich beschwör euch, Töchter Jerusalems, bei den Hinden auf dem Feld,
Ich beschwör euch, unsere Liebe nicht aufzuwecken,
Sie nicht zu stören, bis es ihr selbst gefällt!

Lege mich wie ein Siegel auf dein Herz!

Wer ist sie, die heraufsteigt aus der Wüste und sich lehnt
auf ihren Freund?
Unter dem Apfelbaum, Schöne, weckte ich dich,
Unter dem Baum, wo deine Mutter mit dir in Wehen kam,
Wo in Wehen kam, die dich gebar, erkanntest du mich.

Lege mich wie ein Siegel auf dein Herz,
Wie ein Siegel auf deinen Arm, denn Liebe ist stark!
Stark wie der Tod! Und Leidenschaft wie das Totenreich
unwiderstehlich!
Ihre Glut ist feurig, sie brennt so arg!

Ihre Glut ist feurig, eine Flamme des Herrn,
Nicht zu löschen von allen Fluten, allen Wassern.
Und gäbe einer der Liebe wegen sein ganzes Gut,
Es würde nicht genügen, sie wäre nicht zu fassen!

Bin geworden wie eine, die Frieden findet

Unsere Schwester ist klein und hat keine Brüste,
Wenn einer um sie wirbt, was wollen wir tun mit ihr?
Wir wollen silbernes Bollwerk darauf bauen, ist sie eine
Mauer,
Sie mit Zedernbohlen sichern, ist sie eine Tür!

Stark und fest bin ich wie eine Mauer
Und meine Brüste stehen stolz wie Türme im Winde.
Da bin ich geworden in seinen Augen,
Bin geworden wie eine, die Frieden findet.

Flieh, mein Freund, flieh!

Salomo ließ die Früchte seines Weinbergs den Wächtern
Für je 1000 Silberstücke. Mein Weinberg gehört alleine
mir.
Zweihundert gebe ich den Wächtern seiner Früchte,
Die Tausend Silberstücke, Salomon, lasse ich dir.

Die du wohnst in den Gärten, lass deine Stimme hören!
Gib Acht! Die Gefährten lauschen dir. − Flieh, mein
Freund, flieh!
Sei flink wie die Gazelle über den Hügeln,
Wie der junge Hirsch auf den Balsambergen, Flieh!

Autorenportrait Dr. Josefine Müllers

Literaturwissenschaftlerin -
Frei schaffende Autorin -
Spirituelle Lehrerin -

wohnhaft in Überlingen
am Bodensee

Die Autorin ist 1948 am Niederrhein geboren. Sie machte zunächst eine Übersetzerausbildung mit Tätigkeiten im In- und Ausland. Dann absolvierte sie ein Studium als Germanistin und Romanistin. Sie studierte Deutsch, Französisch, Spanisch, Philosophie und Pädagogik mit den Abschlüssen I. und II. Staatsexamen und Promotion in Neuerer Deutscher Literatur.

Sie arbeitete als Dozentin für Literatur und Sprachen in der Universität und in der Erwachsenenbildung, als Deutsch- und Französischlehrerin in der Schule, als Seminarleiterin und Beraterin in spiritueller Psychologie und Symbolwissenschaft. Heute lebt sie als frei schaffende Autorin und spirituelle Lehrerin in Überlingen am Bodensee und hält Lesungen, Vorträge und Seminare.

Veröffentlichungen:

Bücher und Cds:

Liebe, Erkenntnis und Dichtung. Ganzheitliches Welter-fassen bei Goethe und Hölderlin, Frankfurt a. M. 1992

Die Ehre der Himmlischen. Hölderlins *Patmos*-Hymne und die Sprachwerdung des Göttlichen, Frankfurt a. M. 1997

Liebe und Erlösung im Werk Johann Wolfgang von Goethes, Frankfurt a. M. 2008

Die Poesie des Himmels. Eine literarische Reise durch die Welt der Engel. Große Engelgedicht-Anthologie, Hrsg. und Mitautorin, Freiburg 2008

Dazu auch Hörbuch gleichen Titels, Freiburg 2008 und Neuauflage: Wie Engel auf Erden, Freiburg 2013

Amor und Psyche. Das Mysterium von Herz und Seele, Frankfurt a. M. 2011

Geheimnis und Verwandlung. Märchen und Initiationsge-schichten, Berlin 2013

Erinnerung an das Sein. Gedichte um Mensch und Natur, Hamburg 2016

Aufsätze: zu Goethe; zu Hölderlin; zum Märchen; zu Traum und Selbsterkenntnis und der Symbolsprache des Selbst; zur Rolle der Engel in der Literatur und in der bildenden Kunst; zur Bewusstwerdung des Göttlichen im Menschen.

außerdem: Parabeln, Kurzprosa, Lyrik und Lyrik-Übersetzungen in Anthologien und literarischen Zeitschriften

Zeitfracht Medien GmbH
Ferdinand-Jühlke-Straße 7
99095 Erfurt, Deutschland
produktsicherheit@kolibri360.de